MW01688221

Gourmandises et Amuse-gueules

Julia MANZAT

Dormonval
CH – LUCERNE

🍴	préparation très simple
🍴🍴	préparation facile
🍴🍴🍴	préparation élaborée
○○●	peu coûteuse
○●●	raisonnable
●●●	chère

Photographies : SAEP/Jean-Luc SYREN et Valérie WALTER.
Coordination : SAEP/Éric ZIPPER.
Composition et photogravure : SAEP/Arts Graphiques.
Impression : Union Européenne.

Conception : SAEP CRÉATION
68040 INGERSHEIM - COLMAR

Un dîner à organiser ? Une soirée en perspective ? Rien de tel que de délicieux amuse-gueules à servir à l'apéritif.

Ils sont un vrai régal pour nos papilles gustatives.

Ils permettent d'accueillir chaleureusement nos invités.

De grignoter en attendant les retardataires.

De nous faire patienter avant de nous mettre à table.

De ne pas boire l'estomac vide...

De nous déplacer librement dans la pièce un verre à la main, un amuse-gueule dans l'autre afin de communiquer avec les autres invités.

Les bienfaits des amuse-gueules sont indéniables. Alors, pourquoi s'en priver ?

Voici 90 recettes, des brochettes aux canapés en passant par les beignets et les boulettes, sans oublier les multiples pâtes et garnitures qui les accompagnent. Des recettes simples ou plus élaborées, des recettes douces ou épicées, du salé au sucré ou du sucré-salé pour les amateurs de mélanges. Il y en a pour tous les goûts.

Mais l'art de recevoir ne s'arrête pas aux recettes. La présentation joue un rôle non négligeable. Des formes des amuse-gueules au choix des couleurs en passant par la façon dont ils sont disposés dans l'espace, tous les détails sont à étudier finement. C'est pour cette raison que nous vous donnons quelques conseils pour mettre en valeur vos préparations culinaires.

Sans oublier les boissons qui les accompagnent, également indispensables à la réussite de tout début de soirée. Connaître les bons mélanges, les goûts qui s'accordent, proposer tel vin plutôt que tel autre...

De délicieux amuse-gueules, joliment présentés, accompagnés de boissons choisies avec justesse : voici une soirée qui débute dans l'harmonie... Et qui ne peut que continuer sur sa lancée.

Alors, bonne cuisine et régalez-vous !

ENJOLIVEZ VOTRE BUFFET !

Il est indispensable d'avoir de bonnes recettes à préparer, mais la présentation de ces mets joue également un rôle essentiel. Quoi de plus agréable que d'épater ses amis par une présentation artistique des amuse-gueules ?

Voici quelques judicieux conseils faciles à suivre :
— varier les formes en découpant les fruits, les légumes, les charcuteries et les fromages en carrés, en ronds, en triangles, en losanges ou en croissants. Faire de même avec les feuilletés, les samosas et les chaussons en créant des formes différentes ;
— jouer avec les couleurs en composant des brochettes multicolores, tricolores ou bicolores, en présentant des sauces colorées, rouges avec du ketchup, roses avec des tomates, jaunes avec du curry, vertes avec des épinards...
— présenter les canapés en pyramides ou en escargots ;
— piquer les bâtonnets et les minibrochettes sur des pastèques, des citrouilles ou des melons préalablement vidés, coupés en deux et retournés.

IL EN FAUT POUR TOUS LES GOÛTS !

Règle essentielle au bon déroulement d'une soirée : contenter chaque invité. Certains peuvent être végétariens, d'autres, allergiques aux poissons et crustacés, d'autres encore, en période de régime.

C'est pourquoi il est de bon ton de préparer des amuse-gueules et des canapés de différentes sortes :

— certains à base de viandes, de fromages et/ou de charcuteries ;

— d'autres à base de poissons et/ou de crustacés ;

— des amuse-gueules composés avec des fruits et/ou des légumes ;

— des mises en bouche sucrées et/ou salées ;

— très caloriques et/ou régimes, sans matière grasse ni sucre ;

— des pains nature, à l'anis, aux noix, aux céréales, au lard ou aux olives.

AMUSE-GUEULES DE DERNIÈRE MINUTE

Des amis ou de la famille arrivent à l'improviste ? Un contretemps malencontreux ? Pas de panique ! Il existe de multiples solutions pour préparer rapidement des amuse-gueules et des canapés au dernier moment.

Vous avez moins d'une heure devant vous : fouillez dans vos placards et votre réfrigérateur, vous devriez trouver des œufs, des fromages, de la charcuterie, des pâtes à tartiner, des fruits et des légumes.

Vous pourrez ainsi préparer et offrir :

— des dés de fromage à pâte dure avec du cantal, du gruyère, de l'édam, de la mimolette, du saint-paulin et/ou du comté ;

— des morceaux de surimi ;

— des blinis au tarama ;

— des œufs de poule ou de caille durs ;

— des canapés avec des œufs de lump, des œufs de cabillaud ou du caviar ;

— des rondelles de chorizo et de saucisson ;

— des légumes coupés en rondelles, en fins bâtonnets ou présentés en bouquets avec des épices (paprika, curry, safran) et/ou des fines herbes hachées ;

— des petits radis roses, des dés de betterave, des tronçons de cœurs de palmier, des petits épis de maïs ;

— des grappes de raisin, des rondelles de bananes, des morceaux de pommes, de poires, de pêches et d'abricots, de melons et de pastèques ;

— des tartines de pâtés, de rillettes et/ou de fromages à pâte molle ;

— des chips, des noix de cajou, des cacahuètes et des fruits secs...

LE CHOIX DES BOISSONS

Un buffet d'amuse-gueules doit s'accompagner de boissons alcoolisées et non alcoolisées afin de contenter amateurs de bons vins et d'alcools et inconditionnels des boissons gazeuses et/ou sucrées. Ainsi, des bouteilles d'eau plate et d'eau gazeuse, aromatisée ou non, doivent côtoyer des sodas *light* et non *light*. Des jus de fruits et des jus de légumes doivent être accompagnés de bouteilles de vin et autres alcools.

Voici quelques conseils pour le choix des vins :

Pour	Conseils	Exemples
Les poissons, les crustacés et les coquillages.	Un vin blanc sec.	Riesling, Chablis, Muscadet, Graves.
Le veau et le porc.	Un vin rouge léger.	Saint-Émilion, Volnay, Bandol.
La volaille.	Un vin mûr, blanc ou rouge.	Vouvray, Médoc, Gaillac.
Le bœuf, l'agneau et le gibier.	Un vin rouge de caractère.	Haut-Médoc, Côte-Rôtie, Pommard.
Le cheddar.	Un vin rouge.	Margaux.
L'emmenthal.	Un vin blanc.	Touraine.
Le roquefort.	Un vin blanc liquoreux.	Sauternes, Porto.
Un fromage de chèvre.	Un vin blanc ou rouge.	Pouilly-sur-Loire, Saumur.
Le cantal, la tomme le gouda.	Un vin blanc ou rouge.	Crépy, Beaujolais, Pauillac.
Des goûts forts (curry, moutarde...).	Un vin fort.	Gewurztraminer, Hermitage blanc.
Sucreries.	Un champagne ou un vin liquoreux.	Sauternes, Bonnezeaux.

Mayonnaise

3 jaunes d'œufs / 1 cuil. à soupe de vinaigre de vin / 1 cuil. à café de moutarde / 50 cl d'huile (d'arachide, de tournesol, d'olive) / Sel, poivre.

Prép. : 10 min 4 pers.

Mélanger dans une terrine les jaunes d'œufs, le sel, le poivre, le vinaigre et la moutarde. Incorporer l'huile petit à petit en fouettant.

Sauce au fromage blanc et ciboulette

2 œufs / 100 g de faisselle / 15 cl de crème fraîche liquide / 1 cuil. à soupe de ciboulette / Sel, poivre.

Prép. : 15 min – Cuiss. : 10 min 4 pers.

Faire cuire les œufs 10 minutes dans l'eau bouillante. Enlever les coquilles. Retirer les jaunes, les réserver pour un autre usage et hacher les blancs.

Dans un bol, mélanger la faisselle avec la crème, les blancs d'œufs et la ciboulette hachée. Saler et poivrer.

Sauce aux herbes

150 g de crème fraîche / 50 g de yaourt / 1 gousse d'ail hachée / 1 cuil. à soupe de persil haché / 1 cuil. à soupe d'aneth haché / 1 cuil. à café de jus de citron / Sel, poivre.

4 pers. Prép. : 10 min

Mélanger l'ensemble des ingrédients.

Pour accompagner des légumes crus.

Sauce avocat et orange

1 avocat / 1 orange / 1 citron / 2 cuil. à soupe d'huile d'olive / Sel, poivre.

4 pers. Prép. : 10 min

Éplucher l'avocat. Prélever le zeste de l'orange le réserver, puis presser l'orange et le citron. Mixer le tout avec l'huile d'olive, le sel et le poivre.

Cuire à l'eau bouillante le zeste d'orange et l'incorporer à la sauce. Servir froid.

Pour accompagner des asperges.

Sauce au chocolat

150 g de chocolat noir / 150 g de chocolat au lait / 15 cl de crème fraîche épaisse / 2 cuil. à soupe de rhum.

6 pers. Prép. : 5 min – Cuiss. : 15 min

Mettre les morceaux de chocolat dans une casserole. Faire fondre au bain-marie.

Incorporer la crème et le rhum.

Servir avec des brochettes de fruits.

Pain de mie

750 g de farine / 30 g de levure de boulanger / 30 g de margarine / 30 g de beurre / 2 cuil. à café de sel.

Prép. : 35 min – Repos : 1 h 40 min — 6 pers.
Cuiss. : 35 min

Mélanger la farine et le sel dans une terrine. Dissoudre la levure dans 45 cl d'eau tiède. Laisser reposer quelques instants.

Incorporer dans la farine salée la margarine, puis l'eau et la levure.

Pétrir la pâte pendant 15 minutes sur un plan de travail fariné (1). Former une boule avec la pâte. Fariner une terrine. Y mettre la pâte. Couvrir d'un film plastique. Laisser reposer pendant 1 heure.

Pétrir pendant 5 minutes et façonner une forme rectangulaire de 25 cm sur 15. Beurrer un moule de 24 cm sur 14. Introduire la pâte (2). Couvrir d'un film plastique et laisser reposer pendant 40 minutes.

Faire cuire la pâte pendant 35 minutes à 230 °C (th. 7-8). Démouler. Laisser refroidir.

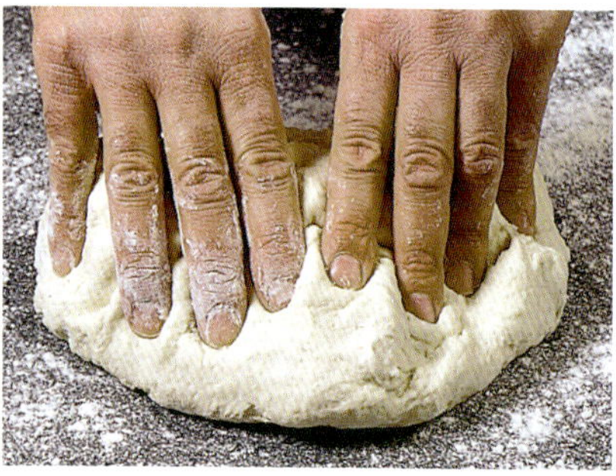

1

2

Pâte à pain

750 g de farine / 30 g de levure de boulanger / 15 cl d'huile / 1 cuil. à café de sel.

6 pers. Prép. : 50 min – Repos : 3 h 30 min
Cuiss. : 45 min

Mélanger la farine et le sel dans une terrine. Dissoudre la levure dans 45 cl d'eau tiède. Laisser reposer quelques instants.

Verser l'eau et la levure dans la farine salée.

Pétrir la pâte pendant 20 minutes sur un plan de travail fariné. Former une boule.

Huiler une terrine. Y mettre la pâte. Couvrir d'un film plastique. Laisser reposer pendant 2 heures.

Pétrir et former de nouveau une boule. Couvrir d'un torchon humidifié et laisser reposer pendant 15 minutes.

Étaler la pâte pour qu'elle forme un rond de 2 cm d'épaisseur. La rouler, l'étaler et la tirer pour augmenter la longueur et obtenir une forme cylindrique (1).

Huiler un moule à pain et incorporer la pâte. Laisser reposer pendant 1 heure.

Faire cuire la pâte à 230 °C (th. 7-8) pendant 45 minutes. Le pain est cuit quand il sonne creux (2).

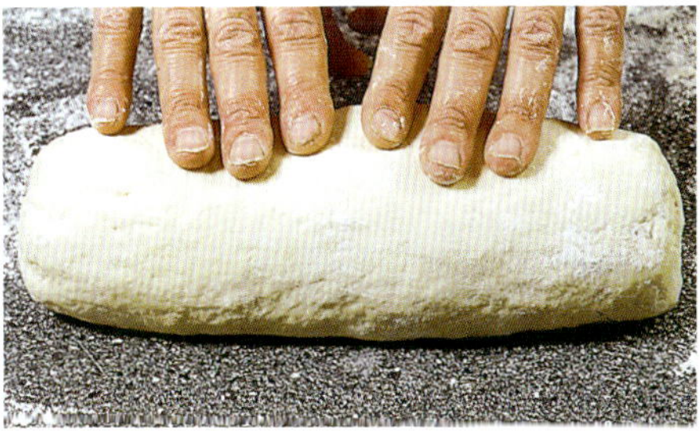

1

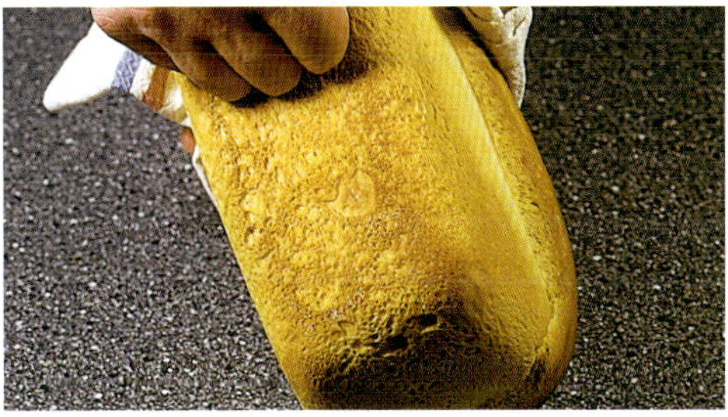

2

Pâte à pizza

750 g de farine / 30 g de levure de boulanger / 1 cuil. à soupe d'huile d'olive / 1 cuil. à café de sel.

Prép. : 50 min – Repos : 2 h 30 min 6 pers.
Cuiss. : 15 min

Mélanger la farine et le sel dans une terrine. Dissoudre la levure dans 45 cl d'eau tiède. Laisser reposer quelques instants.

Verser l'huile, puis l'eau et la levure dans la farine salée.

Pétrir la pâte pendant 10 minutes sur un plan de travail fariné. Former deux boules.

Huiler une terrine. Y mettre les deux pâtes. Couvrir d'un film plastique. Laisser reposer pendant 2 heures.

Pétrir et former de nouveau deux boules. Couvrir d'un torchon humidifié et laisser reposer pendant 15 minutes.

Étaler chaque pâte pour former deux ronds de 3 mm d'épaisseur (1). Pousser la pâte du centre vers les bords pour augmenter l'épaisseur sur les bords et obtenir une forme de pâte à pizza (2).

Fariner le plan de travail et y jeter chaque pâte. Lisser.

Garnir les deux pizzas.

Faire cuire chaque pizza pendant 15 minutes à 230 °C (th. 7-8).

1

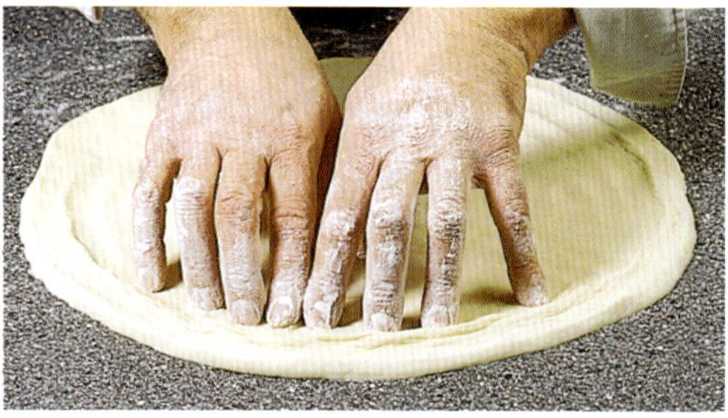

2

Pâte demi-feuilletée

250 g de farine / 250 g de beurre / 4 pincées de sel.

6 pers. Prép. : 50 min – Repos : 2 h 30 min
Cuiss. : 15 min

Verser la farine et le sel dans une terrine.

Couper le beurre en tout petits morceaux. Les faire glisser dans la terrine. Ajouter petit à petit 7 cuillerées à soupe d'eau et écraser avec une fourchette. Mettre la pâte obtenue en boule.

L'enrouler de film plastique. Mettre au réfrigérateur pendant 1 heure. Fariner le plan de travail. Y poser la boule de pâte. L'aplatir avec un rouleau à pâtisserie en partant du centre. La retourner et renouveler l'opération pour aboutir à un rectangle de 60 cm sur 28 et de 1 cm d'épaisseur.

Ramener les deux côtés de 28 cm au centre (1). Tourner d'un quart de tour. Renouveler l'opération. Étaler la pâte. Plier. Étaler de nouveau (2). Plier encore une fois.

Enrouler la pâte de film plastique. Laisser 1 heure au réfrigérateur.

Renouveler l'opération, « plier la pâte en deux, l'étaler, la replier » deux fois. Réfrigérer entre les deux opérations.

1

2

Pâte à choux

30 g de beurre / 40 g de farine / 1 œuf / 15 d'huile / 1 pincée de sel.

Prép. : 15 min – Cuiss. : 20 min 4 pers.

Faire fondre le beurre et 6 cl d'eau à feu doux dans une casserole. Porter à ébullition. Ôter du feu.

Verser d'un coup la farine tamisée avec le sel. Remuer avec une spatule en bois. Faire dessécher la pâte sur feu doux, en remuant.

Éteindre le feu lorsque la pâte devient compacte et se détache des parois (1).

Hors du feu, ajouter l'œuf et mélanger jusqu'à ce que la pâte soit bien lisse. Huiler et fariner une plaque. Y déposer des petits tas réguliers de pâte de 1 cm de diamètre.

Enfourner la plaque et cuire à 190 °C (th. 6-7) pendant 15 minutes, jusqu'à ce que les choux soient gonflés et dorés (2).

Laisser refroidir. Couper les chapeaux et garnir selon la recette.

1

2

Pâte brisée

250 g de farine / 125 g de beurre / 4 pincées de sel.

6 pers. Prép. : 40 min – Repos : 1 h
Cuiss. : 15 min

Verser la farine et le sel dans une terrine.

Couper le beurre en tout petits morceaux. Les ajouter avec 7 cuillerées à soupe d'eau. Écraser avec une fourchette. Mettre la pâte obtenue en boule.

L'enrouler de film plastique. Mettre au réfrigérateur pendant 1 heure.

Fariner le plan de travail. Y poser la boule de pâte. L'assouplir avec les mains et avec un rouleau à pâtisserie. Partir du centre pour aplatir la pâte (1) et obtenir un disque d'une épaisseur de 1 cm. Retourner la pâte et renouveler l'opération pour obtenir une épaisseur de 3 mm.

Remplir 12 moules individuels de pâte brisée (2).

1

2

Canapés aux crevettes, ail et fines herbes

180 g de crevettes roses / 1/2 gousse d'ail / 1 branche d'aneth / 1/2 citron / 100 g de fromage blanc / 16 mini-tranches de pain brioché / Poivre.

Prép. : 10 min – Cuiss. : 10 min 4 pers.

Hacher les crevettes cuites et l'ail. Couper finement l'aneth. Presser le jus de citron.

Mélanger les crevettes, l'ail, l'aneth, le fromage blanc, le jus de citron et ajouter une pincée de poivre.

Étaler ce mélange sur les minitranches de pain brioché.

Décorer de crevettes et d'aneth réservés.

Canapés au saumon fumé et à l'aneth

50 g de beurre / 16 minitranches de pain de mie (p. 10) / 4 tranches de saumon fumé / 6 brins d'aneth / 1 citron / 4 petits oignons blancs.

4 pers. Prép. : 15 min

Beurrer le pain de mie préalablement toasté. Couper le saumon fumé en 16 carrés égaux. Couper finement l'aneth.

Disposer les carrés de saumon fumé sur les tranches de pain de mie. Ajouter une pincée d'aneth.

Presser le citron. Verser quelques gouttes sur le saumon fumé.

Décorer d'aneth et de rondelles d'oignons.

Canapés aux champignons et lardons

8 gros champignons de Paris / 15 cl de jus de citron / 100 g de lardons / 5 cl d'huile d'olive / 1 cuil. à café de sauce de soja / 15 cl de crème fraîche liquide / 16 minitranches de pain de mie (p. 10) / Sel, poivre.

Prép. : 15 min 4 pers.

Enlever les pieds et deux côtés arrondis des champignons. Les laver, les émincer finement et les arroser de jus de citron.

Faire revenir les lardons dans de l'huile d'olive jusqu'à ce qu'ils deviennent croustillants. Laisser refroidir.

Incorporer la sauce de soja et l'huile d'olive à la crème avec du sel et du poivre.

Badigeonner les tranches de pain de mie de cette sauce, poser dessus une tranche de champignon et quelques lardons.

Canapés aux champignons et tomates séchées

8 gros champignons de Paris / Persil / 100 g de flocons de tomates séchées / 16 minitranches de pain de mie (p. 10) / Sel, poivre.

Prép. : 15 min 4 pers.

Enlever les pieds et deux côtés arrondis des champignons. Les laver, les émincer finement.

Hacher du persil avec du sel et du poivre.

Étaler les flocons de tomates séchées sur les tranches de pain de mie. Poser dessus une tranche de champignon. Saupoudrer de persil haché.

Canapés au filet d'oie fumé et kiwis

2 kiwis / 6 tranches de filet d'oie fumé / 12 minitranches de pain de mie (p. 10) / 12 cuil. à café de chutney à la mangue.

6 pers. Prép. : 10 min

Ôter les bords arrondis des kiwis et couper chacun d'eux en 6 fines tranches. Couper 12 morceaux de filet d'oie fumé de la même taille que les tranches de pain de mie.

Toaster le pain de mie et le badigeonner de chutney. Ajouter 1 tranche de kiwi et 1 tranche de filet d'oie fumé.

Canapés au fromage de chèvre, miel et raisins

1 bûche de fromage de chèvre / 25 g de miel toutes fleurs / 16 minitranches de pain de mie (p. 10) / 16 grains de raisin noirs et blancs.

Prép. : 15 min 4 pers.

Couper le fromage de chèvre en 16 rondelles.

Étaler du miel sur les tranches de pain de mie. Poser sur chacune d'elles une rondelle de fromage. Ajouter un demi-grain de raisin de chaque couleur.

Canapés au roquefort et à la noix

25 g de beurre / 16 minitranches de pain de mie (*p. 10*) */ 1 tranche de roquefort / 16 cerneaux de noix / Feuilles de cœur de céleri.*

4 pers. Prép. : 15 min

Beurrer les tranches de pain de mie. Étaler du roquefort. Ajouter un cerneau de noix, une feuille de céleri et quelques brisures de baies roses.

Pâte d'olives niçoises

150 g d'olives niçoises dénoyautées / 10 cl d'huile d'olive / Poivre.

Prép. : 5 min 4 pers.

Mixer les olives avec l'huile et une pincée de poivre.

Tartiner sur du pain grillé.

Rillettes de sardines

6 sardines à l'huile / 1 cuil. à soupe de moutarde / 1 citron / 50 g de beurre / Sel, poivre.

Prép. : 10 min 6 pers.

Écraser les sardines avec leur huile après avoir ôté les peaux et les arêtes. Ajouter la moutarde, 1 cuillerée à soupe de jus de citron, le beurre, du sel et du poivre.

Tartiner du pain toasté avec les rillettes.

Purée d'anchois au citron

1 bocal d'anchois à l'huile / 10 cl de jus de citron / 1 branche de thym / Ail.

4 pers. Prép. : 5 min

Mixer les anchois avec l'huile et le jus de citron.
Décorer d'aneth et d'éclats d'ail.

Tartiner sur du pain grillé.

Guacamole

1 petit piment vert / 1 petit oignon / 5 feuilles de coriandre / 2 avocats / 1 grosse tomate / 1 cuil. à café de jus de citron vert / 2 pincées de sel.

Prép. : 15 min – Repos : 1 h 6 pers.

Faire tremper le piment pendant 1 heure dans un bol d'eau froide salée pour qu'il devienne moins fort. L'égoutter.

Hacher le piment, l'oignon et les feuilles de coriandre. Saler. Ajouter la pulpe des avocats et mélanger l'ensemble avec une cuillère en bois.

Peler la tomate, l'épépiner et la hacher. L'intégrer au mélange avec le jus de citron.

Houmos

250 g de pois chiches / 3 gousses d'ail / 2 citrons / 2 cuil. à soupe de tahin / 12 cl de yaourt nature à 0 % de matière grasse / Sel, poivre.

6 pers. Prép. : 10 min – Repos : 1 h
Cuiss. : 53 min

Laver les pois chiches. Les jeter dans une casserole remplie d'eau froide. Chauffer. Faire cuire pendant 3 minutes après ébullition. Éteindre le feu. Couvrir. Laisser reposer pendant 1 heure.

Égoutter les pois chiches. Les remettre dans une casserole d'eau froide. Remettre à chauffer. Lorsque l'eau bout, mettre à feu doux. Faire cuire pendant 50 minutes.

Hacher l'ail et presser les citrons.

Mixer les pois chiches avec le tahin, le yaourt, l'ail haché et le jus de citron. Saler et poivrer.

Chèvre aux herbes de Provence

300 g de fromage de chèvre / 200 g de fromage blanc / 3 petits oignons blancs / 2 cuil. à café d'herbes de Provence / Quelques brins de thym en fleurs / 6 tomates cerise / Pain.

Prép. : 10 min 6 pers.

Écraser le fromage de chèvre et le mélanger au fromage blanc.

Hacher les oignons. Les incorporer aux fromages avec les herbes de Provence.

Tartiner sur du pain grillé.

Décorer d'une brindille de thym en fleurs et de rondelles de tomates cerise.

Crème de gorgonzola

12 cerneaux de noix / 150 g de gorgonzola / 4 cuil. à soupe de crème fraîche épaisse / 1 cuil. à soupe de persil haché / Quelques feuilles d'endives / Pain.

4 pers. Prép. : 5 min – Cuiss. : 3 min

Faire griller les cerneaux de noix quelques instants à la poêle en les remuant régulièrement et en les surveillant attentivement.

Mélanger le fromage avec la crème fraîche.

Tartiner le mélange sur du pain grillé. Décorer chaque toast d'un cerneau de noix.

Cake aux olives

200 g de farine / 4 œufs / 10 g de levure en poudre / 10 cl de vin blanc / 10 cl d'huile d'olive / 40 olives niçoises / 100 g d'emmenthal / 100 g de lardons / 20 g de beurre.

Prép. : 15 min – Cuiss. : 45 min 6 pers.

Mélanger la farine avec les œufs, la levure, le vin blanc et l'huile d'olive.

Dénoyauter les olives. Couper le fromage en petits dés. Les incorporer à la pâte avec les lardons.

Verser dans un moule à cake beurré.

Enfourner à 185 °C (th. 6-7). Au bout de 15 minutes, baisser le feu à 175 °C (th. 5-6). Poursuivre la cuisson 30 minutes.

Laisser refroidir.

Couper le cake en tranches. Les servir entières ou en morceaux plus petits.

Feuilletés à la feta et à la menthe

150 g de pâte feuilletée (p. 13) / 100 g de feta / Huile d'olive / 16 feuilles de menthe / 1 œuf.

4 pers. Prép. : 15 min – Cuiss. : 10 min

Couper la pâte feuilletée en 16 parts égales de même forme. Les poser sur une plaque. Humidifier la pâte avec un torchon passé sous l'eau.

Couper la feta en 8 parts égales. Les badigeonner d'huile d'olive.

Poser sur 8 parts de pâte un morceau de feta et 2 feuilles de menthe.

Couvrir des 8 parts de pâte restantes. Bien colmater les bords.

Battre l'œuf et en enduire les feuilletés.

Enfourner la plaque à 220 °C (th. 7-8) et cuire pendant 10 minutes jusqu'à ce que les feuilletés soient dorés.

Minichaussons aux épinards et au cresson

500 g d'épinards / 250 g de cresson / 1 poireau / 50 g de lardons / 500 g de pâte brisée (p. 15) / 1 œuf / Sel, poivre.

Prép. : 20 min – Cuiss. : 50 min 4 pers.

Faire blanchir les épinards et le cresson pendant 2 minutes dans une casserole après les avoir lavés. Les égoutter et retirer un maximum d'eau. Les hacher avec le poireau et les lardons. Saler et poivrer.

Découper la pâte brisée en 8 disques de diamètre identique.

Poser sur chacune des minipâtes une partie du mélange épinards-cresson-poireau-lardons.

Battre l'œuf. Le répartir sur les 8 minipâtes.

Rabattre un côté de la pâte sur l'autre pour couvrir le mélange. Bien souder les bords.

Poser les chaussons sur une plaque. Enfourner à 220 °C (th. 7-8) et cuire pendant 15 minutes puis baisser le feu à 180 °C (th. 6) et poursuivre la cuisson 35 minutes.

Minichaussons aux lardons et aux œufs

4 œufs / 2 cuil. à soupe de ciboulette / 200 g de lardons / 500 g de pâte brisée (p. 15) / Sel, poivre.

4 pers. Prép. : 15 min – Cuiss. : 45 min

Faire cuire 4 œufs 10 minutes dans de l'eau bouillante. Enlever les coquilles. Hacher les œufs avec la ciboulette. Mélanger avec les lardons. Saler et poivrer.

Découper la pâte brisée en 8 disques de diamètre identique.

Poser sur chacune des minipâtes une partie du mélange œufs-lardons. Rabattre un côté de la pâte sur l'autre pour couvrir le mélange. Bien souder les bords.

Poser les chaussons sur une plaque. Enfourner à 190 °C (th. 6-7) et cuire pendant 35 minutes.

Minibrioches aux crevettes et aux asperges

4 cuil. à soupe de lait / 2 sachets de levure / 140 g de farine / 40 g de beurre / 1 œuf / 15 cl d'huile / 3 branches de cerfeuil / 4 cuil. à soupe de mayonnaise (p. 8) / 6 crevettes décortiquées / 6 asperges cuites / Sel.

Prép. : 20 min – Repos : 1 h
Cuiss. : 10 min

6 pers.

Faire tiédir le lait. Hors du feu, ajouter la levure, la farine, le beurre et deux pincées de sel. Couvrir et laisser reposer pendant 1 heure.

Malaxer la pâte avec l'œuf. Former 12 boules. Les laisser lever.

Huiler et fariner une plaque. Y faire cuire les boules au four pendant 10 minutes à 220 °C (th. 7-8).

Couper finement le cerfeuil et le mélanger à la mayonnaise.

Garnir chaque minibrioche d'un peu de mayonnaise et d'une crevette ou d'une pointe d'asperge.

Minicroque-monsieur

8 tranches de pain de mie (p. 10) / 1 cuil. à soupe de moutarde / 8 fines tranches d'emmenthal / 4 fines tranches de jambon / 60 g de beurre.

4 pers. Prép. : 15 min – Cuiss. : 10 min

Enlever les croûtes des tranches de pain de mie. Tartiner de moutarde.

Garnir 4 tranches de pain avec 1 tranche d'emmenthal, 1 tranche de jambon et encore 1 tranche d'emmenthal de la même taille que les tranches de pain. Couvrir des tranches de pain de mie restantes.

Faire chauffer le beurre dans une poêle. Y faire frire les minicroque-monsieur des deux côtés jusqu'à ce qu'ils soient bien dorés.

Les couper en diagonale ou en croix.

Feuilletés au foie gras

150 g de pâte feuilletée (p. 13) / 250 g de foie gras / 1 œuf.

Prép. : 20 min – Cuiss. : 10 min — 4 pers.

Couper la pâte feuilletée en 16 parts égales de même forme. Les poser sur une plaque. Humidifier la pâte avec un torchon passé sous l'eau.

Poser sur 8 parts de pâte les 8 morceaux de foie gras préalablement coupés avec un couteau trempé dans de l'eau bouillante.

Couvrir des 8 parts de pâte restantes. Bien souder les bords.

Battre l'œuf et en enduire les feuilletés sans en faire couler sur la plaque.

Enfourner la plaque à 220 °C (th. 7-8) et cuire pendant 10 minutes jusqu'à ce que les feuilletés soient dorés.

Friands aux saucisses

2 cuil. à soupe de ciboulette émincée / 350 g de chair à saucisse / 250 g de pâte feuilletée (p. 13) / 2 cuil. à soupe de moutarde / 1 jaune d'œuf.

Prép. : 25 min – Cuiss. : 20 min — 6 pers.

Mélanger la ciboulette et la chair à saucisse.

Étaler la pâte en rectangle. Badigeonner de moutarde. Couper en 24 parts.

Couvrir chaque part à moitié avec la chair à saucisse. Rabattre un côté de la pâte sur l'autre pour couvrir la farce. Renouveler l'opération 23 fois. Bien souder les bords.

Battre le jaune d'œuf. En enduire les friands.

Poser les friands sur une plaque. Enfourner à 220 °C (th. 7-8) et cuire pendant 20 minutes.

Millefeuilles à l'avocat

200 g de pâte feuilletée (p. 13) / 2 avocats mûrs / Le jus de 1 citron / 10 cerneaux de noix / Paprika / Sel, poivre.

4 pers. Prép. : 25 min – Cuiss. : 15 min

Couper la pâte en 24 carrés de 4 cm. Les faire cuire pendant 15 minutes au four à 220 °C (th. 7-8).

Mixer les avocats après avoir ôté les noyaux et les peaux. Ajouter le jus de citron, les cerneaux de noix écrasés, du sel et du poivre. Monter 8 millefeuilles en badigeonnant 16 morceaux de pâte feuilletée de crème d'avocat. Superposer 8 morceaux sur les 8 autres, puis ajouter les morceaux de pâte feuilletée restants pour finir les millefeuilles. Saupoudrer de paprika.

Feuilletés d'escargots

150 g de pâte feuilletée (p. 13) / 1 oignon / 2 gousses d'ail / 1 cuil. à soupe d'huile d'olive / 1 grosse tomate / 1 cuil. à café d'herbes de Provence / 16 escargots / 1 œuf / Sel, poivre.

4 pers. Prép. : 20 min – Cuiss. : 15 min

Couper la pâte feuilletée en 16 parts égales de même forme. Les poser sur une plaque. Humidifier la pâte avec un torchon passé sous l'eau.

Hacher l'oignon et l'ail. Faire revenir le hachis avec l'huile d'olive dans une casserole. Écraser la tomate et l'incorporer dans la casserole avec les herbes, du sel et du poivre. Remuer avec une spatule en bois à feu doux jusqu'à épaississement de la sauce. Poser sur chacune des 8 parts de pâte un fond de sauce tomate refroidie et 2 escargots. Couvrir des 8 parts de pâte restantes. Bien souder les bords. Battre l'œuf et en enduire les feuilletés.

Enfourner la plaque et cuire à 220 °C (th. 7-8) pendant 10 minutes jusqu'à ce que les feuilletés soient dorés.

Minipizzas

2 tranches de jambon cuit / 6 champignons de Paris / 100 g de mozzarella / 100 g de cantal / 2 tomates / 500 g de pâte à pizza (p. 12) / 500 g de sauce tomate / 6 olives noires / 100 g de lardons.

Prép. : 15 min – Cuiss. : 5 min 6 pers.

Couper le jambon en petits morceaux. Émincer les champignons après les avoir lavés et séchés.

Couper la mozzarella et le cantal en fines tranches. Découper de fines rondelles de tomates après les avoir lavées et séchées.

Étaler la pâte sur une plaque. Découper des fonds à l'emporte-pièce. Couvrir de sauce tomate.

Sur la moitié, disposer les morceaux de jambon et de champignons. Couvrir de fines tranches de mozzarella. Ajouter les olives.

Sur l'autre moitié, répartir les lardons, les fines tranches de cantal et les rondelles de tomates.

Enfourner les pizzas à 230 °C (th. 7-8) et cuire pendant 5 minutes.

Les servir tièdes.

Miniquiches

2 œufs / 25 cl de crème fraîche liquide / 100 g de lardons / 15 cl d'huile / 1 gros oignon / 1 gros poireau / 1 botte de miniasperges / 2 tomates / 500 g de pâte brisée (p. 15) / 100 g d'épinards hachés / Sel, poivre.

6 pers. Prép. : 30 min – Cuiss. : 10 à 15 min

Mélanger les œufs et la crème dans une terrine. Saler et poivrer.

Faire revenir les lardons dans une poêle huilée.

Faire de même avec l'oignon et le poireau coupés finement.

Faire cuire les asperges pendant 3 minutes dans une casserole d'eau bouillante. Les égoutter. Couper les pointes et émincer les tiges.

Laver les tomates et les couper en fines rondelles.

Répartir la pâte brisée dans des minimoules. Remplir chaque moule de l'une des préparations : lardons, oignon et poireau, épinards ou émincés d'asperges.

Verser le contenu œufs-crème de la terrine.

Placer sur les miniquiches aux asperges des pointes d'asperges, sur les autres des rondelles de tomates.

Enfourner les miniquiches à 220 °C (th. 7-8) et cuire 10 à 15 minutes jusqu'à ce qu'elles soient dorées.

Triangles aux épinards et à la feta

2 cuil. à soupe d'huile d'olive / 250 g d'épinards / 25 g de persil / 2 œufs / 125 g de feta / 100 g de fromage blanc / 125 g de feuilles de pâte de filo / 60 g de beurre / Poivre.

Prép. : 30 min – Cuiss. : 15 min 4 pers.

Faire chauffer l'huile dans une poêle. Verser les épinards hachés. Chauffer à feu doux jusqu'à ce qu'ils deviennent presque secs.

Hacher le persil. Battre les œufs.

Dans une terrine, écraser la feta et la mélanger au fromage blanc, aux épinards, au persil et aux œufs. Poivrer.

Couper les feuilles de pâte de filo en rectangles de 15 cm sur 40 (1).

Faire fondre le beurre. En enduire les rectangles posés dans le sens de la largeur.

Poser une grosse cuillerée à café de garniture au bout de l'angle gauche d'un rectangle. Plier l'angle droit sur la gauche pour obtenir un triangle et couvrir la garniture. Renouveler l'opération de gauche à droite et ainsi de suite jusqu'à la fin du rectangle (2).

Faire de même avec les autres rectangles.

Enduire les triangles obtenus de beurre fondu. Les poser sur une plaque. Enfourner à 220 °C (th. 7-8) et cuire pendant 15 minutes.

1

2

Tortillas pimentées au fromage de brebis et au cerfeuil

150 g de manchego de brebis / 1 gros bouquet de cerfeuil / 12 œufs / Piment en poudre / 2 cuil. à soupe d'huile d'olive / 25 g de beurre / Sel, poivre.

Prép. : 10 min – Cuiss. : 10 min 6 pers.

Râper le fromage.

Laver, sécher et ciseler finement le cerfeuil.

Dans une terrine, verser et battre les œufs. Ajouter le fromage et le cerfeuil. Saupoudrer de piment. Saler et poivrer.

Dans une poêle, faire chauffer la moitié de l'huile et du beurre. Verser le mélange aux œufs. Faire cuire à feu doux pendant 5 minutes.

Transférer la tortilla sur un plat.

Mettre le reste d'huile et de beurre dans la poêle. Faire chauffer. Glisser la tortilla en la retournant. Faire cuire 5 minutes jusqu'à ce qu'elle soit bien dorée.

Couper en petits triangles. Servir aussitôt.

Torsades

500 g de pâte feuilletée (p. 13) / 20 g de farine / 2 cuil. à soupe de moutarde / 2 cuil. à soupe de sauce au pistou / 50 g de parmesan / Graines de pavot / Graines de sésame.

6 pers. Prép. : 15 min – Cuiss. : 15 min

Étaler la pâte sur un plan de travail fariné et former un carré de 30 cm de côté. Le couper en deux pour obtenir deux rectangles.

Sur l'un, étaler la moutarde, sur l'autre, la sauce au pistou. Saupoudrer les deux pâtes du parmesan préalablement râpé.

Plier les pâtes en deux de façon à couvrir la garniture et à obtenir deux carrés de 15 cm de côté. Passer un rouleau à pâtisserie sans trop appuyer. Couper chaque pâte en 12 bâtonnets.

Saupoudrer les bâtonnets badigeonnés de moutarde de graines de pavot. Faire de même avec les graines de sésame sur les bâtonnets à la sauce au pistou.

Tordre les bâtonnets pour obtenir des torsades. Enfourner sur une plaque à 230 °C (th. 7-8) et cuire pendant 15 minutes.

Samosas épicés à l'agneau

1 piment vert / 175 g de farine / 30 g de beurre / 1 oignon / 1 gousse d'ail / 1 cuil. à café de gingembre frais râpé / 2 cuil. à soupe de coriandre / 90 g de petits pois / 90 g de carottes / 300 g d'agneau / 30 g d'huile de tournesol / 1 cuil. à soupe de jus de citron / 1/2 cuil. à café de garam masala / Sel, poivre.

Prép. : 1 h – Cuiss. : 30 min — 6 pers.

Faire tremper le piment pendant 1 heure dans un bol d'eau froide salée pour qu'il devienne moins fort. L'égoutter.

Mettre la farine avec une pincée de sel dans une terrine. Verser le beurre fondu et 6 cuillerées à soupe d'eau. Mélanger. Pétrir pendant 10 minutes. Humidifier un torchon et le poser sur la pâte. Laisser reposer pendant la suite de la préparation.

Hacher l'oignon, l'ail, le piment, le gingembre et la coriandre.

Faire cuire les petits pois et les carottes à la vapeur pendant 15 minutes. Écraser les carottes.

Couper l'agneau en petits morceaux.

Dans une poêle, faire chauffer l'huile. Verser l'ail, l'oignon, le piment. Faire revenir 5 minutes.

Incorporer les morceaux d'agneau avec 1/4 de verre d'eau. Saler et poivrer. Faire cuire pendant 20 minutes à feu doux jusqu'à ce que la sauce soit évaporée. Écraser le mélange.

Ajouter les petits pois, le gingembre, le jus de citron et la coriandre ainsi que les carottes et le garam masala. Faire revenir pendant 5 minutes.

Transformer la pâte en 12 boules. Les étaler. Répartir la garniture sur les 12 pâtes.

Rabattre un côté de la pâte sur l'autre pour couvrir le mélange. Bien souder les bords.

Faire frire les samosas jusqu'à ce qu'ils deviennent dorés.

Accompagner de chutney, à la mangue par exemple, ou de yaourt.

Samosas aux pommes de terre et légumes

175 g de farine / 30 g de beurre / 1 oignon / 1 cuil. à café de gingembre frais râpé / 2 cuil. à soupe de coriandre hachée / 90 g de petits pois / 90 g de carottes / 2 pommes de terre / 30 g d'huile de tournesol / 1/2 cuil. à café de paprika / 1 cuil. à soupe de jus de citron / 1/2 cuil. à café de garam masala / Sel, poivre.

Prép. : 50 min – Repos : 10 min — 6 pers.
Cuiss. : 15 min

Mettre la farine avec une pincée de sel dans une terrine. Verser le beurre fondu et 6 cuillerées à soupe d'eau. Mélanger. Pétrir pendant 10 minutes. Humidifier un torchon et le poser sur la pâte. Laisser reposer 10 minutes.

Hacher finement l'oignon, le gingembre et la coriandre.

Faire cuire à la vapeur les petits pois, les carottes et les pommes de terre. Écraser les pommes de terre et les carottes.

Dans une poêle, faire chauffer l'huile. Verser l'oignon, les petits pois, le gingembre, le paprika, le jus de citron et la coriandre ainsi que les pommes de terre, les carottes et le garam masala. Faire revenir pendant 5 minutes. Saler et poivrer.

Diviser la pâte en 12 boules. Les étaler. Répartir la garniture sur les 12 pâtes.

Rabattre un côté de la pâte sur l'autre pour couvrir le mélange. Bien souder les bords.

Faire frire les samosas dans de l'huile pour friture jusqu'à ce qu'ils deviennent dorés.

Accompagner de chutney, à la mangue par exemple, ou de yaourt.

Tartelettes au roquefort et aux noix

250 g de pâte brisée (p. 15) / 32 noix / 100 g de roquefort / 2 cuil. à soupe de crème fraîche / 1 cuil. de ciboulette hachée.

4 pers. Prép. : 15 min – Cuiss. : 15 min

Étaler la pâte brisée. Garnir 8 petits moules. Disposer du papier sulfurisé sur les tartelettes. Les remplir de grains de riz.

Mettre les moules sur une plaque. Enfourner à 220 °C (th. 7-8) et cuire pendant 15 minutes.

Retirer les papiers sulfurisés et leur contenu.

Mettre de côté 8 noix. Piler les autres. Les mélanger au roquefort et à la crème fraîche.

Remplir les moules du mélange. Saupoudrer de ciboulette. Ajouter une noix sur chacun d'eux.

Pain de brocoli

1 brocoli / 3 œufs / 50 g de fromage blanc à 0 % de matière grasse / 10 g de lait en poudre / 20 g de beurre / Sel, poivre.

Prép. : 20 min – Repos : 30 min
Cuiss. : 1 h

4 pers.

Couper le brocoli en bouquets, le laver et le faire cuire dans une casserole d'eau bouillante. Le retirer du feu lorsqu'il est tendre et l'égoutter soigneusement.

Poser les bouquets de brocoli dans une terrine contenant un croûton de pain enveloppé dans une mousseline. Couvrir et laisser reposer pendant 30 minutes.

Incorporer les œufs au fromage blanc et au lait. Saler et poivrer. Ajouter le brocoli écrasé et bien mélanger.

Beurrer un moule à cake. Verser le mélange.

Faire cuire au bain-marie au four, à 230 °C (th. 7-8), pendant 1 heure.

Laisser tiédir. Démouler. Couper en 8 tranches épaisses ou en 16 fines tranches.

Pain de saumon à la tomate et à l'oseille

500 g de filet de saumon / 1 cube de court-bouillon / 3 œufs / 175 g de sauce tomate / 2,5 cl de jus de citron / 1 cuil. à café d'oseille / 20 de beurre / 1/2 cuil. à café de sel / 1 pincée de poivre.

4 pers. Prép. : 20 min – Cuiss. : 1 h

Faire cuire le saumon au court-bouillon. L'égoutter.

Dans une terrine, mélanger les œufs, la sauce tomate, le jus de citron, l'oseille émincée, le sel et le poivre.

Ajouter le saumon émietté. Bien mélanger.

Beurrer un moule à cake. Verser le mélange. Couvrir de papier d'aluminium.

Faire cuire au bain-marie au four, à 230 °C (th. 7-8).

Enlever le papier d'aluminium au bout de 30 minutes. Poursuivre la cuisson 30 minutes.

Laisser tiédir. Démouler. Couper en 8 tranches épaisses.

Vol-au-vent multicolores

250 g de poivrons rouges et jaunes / 4 gousses d'ail / 4 cuil. à soupe de persil / 4 cuil. à soupe d'huile d'olive / 2 pincées de sucre en poudre / 3 cuil. à soupe d'origan / 24 olives noires / 12 minifeuilletages de vol-au-vent.

Prép. : 30 min – Marinade : 12 h — 6 pers.
Cuiss. : 15 min

Couper les poivrons en deux. Enlever les membranes et les graines.

Les faire cuire au gril, la peau vers le haut, pendant 8 minutes. Envelopper les poivrons dans un torchon humidifié. Laisser refroidir.

Retirer la peau (1). Couper la chair en lamelles.

Écraser les gousses d'ail. Hacher le persil. Mélanger avec les lamelles de poivrons et l'huile d'olive, le sucre et le persil.

Laisser mariner une nuit.

Ciseler l'origan. Dénoyauter les olives. Les hacher. Mélanger avec les poivrons.

Garnir les feuilletages.

1

Courgettes au caviar d'aubergines

1 aubergine / 3 cuil. à soupe d'huile d'olive / 1 cuil. à café d'herbes de Provence / Le jus de 1/2 citron / 1 oignon / 1 grosse courgette / Sel, poivre.

Prép. : 20 min – Cuiss. : 1 h 10 min — 4 pers.

Faire cuire l'aubergine préalablement piquée dans sa chair pendant 1 heure au four à 120 °C (th. 4). Laisser refroidir.

Extraire la chair, l'écraser et la mélanger avec l'huile d'olive, les herbes, le jus de citron et l'oignon haché. Saler et poivrer.

Couper la courgette en rondelles tous les 2 à 3 cm. Creuser chaque rondelle sans percer le fond.

Faire cuire dans de l'eau bouillante salée pendant 3 minutes. Sécher, saler et poivrer puis incorporer le caviar d'aubergines.

Réchauffer au four pendant 10 minutes à 120 °C (th. 4).

Tomates cerise farcies à la ricotta

1 barquette de tomates cerise / 1 gousse d'ail / 1 cuil. à soupe de ciboulette / 150 g de ricotta / 1 cuil. à soupe d'huile d'olive / Sel, poivre.

Prép. : 20 min – Repos : 30 min — 6 pers.

Évider les tomates. Les saler. Les poser pendant 30 minutes à l'envers.

Hacher l'ail et la ciboulette. Mélanger avec la ricotta et l'huile d'olive. Saler et poivrer.

Farcir les tomates du mélange.

Œufs farcis au crabe et à l'estragon

25 g de beurre / 6 petits œufs / 1 cuil. à soupe de crème fraîche / 1 boîte de miettes de crabe / 6 pincées d'estragon / Sel, poivre.

Prép. : 15 min – Cuiss. : 10 min 6 pers.

Faire fondre le beurre à feu doux dans une casserole. Ajouter les œufs en ayant pris soin de casser seulement le haut des coquilles.

Poser les coquilles vides sur des coquetiers.

Mélanger le beurre et les œufs, puis ajouter la crème fraîche.

Hors du feu, ajouter les miettes de crabe et l'estragon. Saler et poivrer.

Introduire le mélange dans les coquilles vides. Servir aussitôt.

Œufs farcis aux crevettes et au curry

4 œufs / 10 g de beurre / 1 cuil. à café de curry / 2 cuil. à soupe de mayonnaise (p. 8) / 8 crevettes roses / 1 cuil. à café de ciboulette hachée / Sel, poivre.

4 pers. Prép. : 15 min – Cuiss. : 10 min

Faire cuire les œufs 10 minutes dans de l'eau bouillante. Enlever les coquilles. Couper les œufs en deux dans le sens de la longueur. Retirer les jaunes d'œufs et les écraser dans un plat.

Saupoudrer le beurre ramolli de curry, ajouter la mayonnaise, bien mélanger avec les jaunes d'œufs. Saler et poivrer.

Farcir de ce mélange les blancs d'œufs. Réfrigérer.

Décorer de crevettes et de ciboulette.

Minisoufflés aux courgettes

2 grosses et longues courgettes / 10 g de beurre / 10 g de farine / 1 dl de lait / 1 œuf / 2 cuil. à soupe d'emmenthal râpé / Sel, poivre.

Prép. : 20 min – Cuiss. : 5 min 4 pers.

Laver et sécher les courgettes. Découper 16 rondelles d'égale épaisseur. Vider une partie de leur contenu sans percer le fond.

Faire cuire les rondelles de courgettes dans une casserole d'eau bouillante pendant 2 minutes. Retirer les rondelles de l'eau, les disposer sur un torchon et laisser sécher.

Fouetter dans une casserole à feu doux le beurre, la farine et le lait pendant 10 minutes. Éteindre le feu.

Verser dans la casserole le jaune d'œuf et le fromage. Saler et poivrer. Fouetter.

Monter le blanc d'œuf en neige et l'ajouter au mélange.

Poser du papier sulfurisé sur une plaque. Ranger les morceaux de courgettes.

Remplir les rondelles du mélange, enfourner la plaque à 220 °C (th. 7-8) et cuire pendant 5 minutes jusqu'à ce que les soufflés soient dorés. Servir aussitôt.

Pommes de terre au lard, aux poireaux et aux girolles

8 petites pommes de terre / 50 g de lard / 120 g de poireaux / 4 girolles / 1 cuil. à soupe de lait / Sel, poivre.

4 pers. Prép. : 15 min – Cuiss. : 15 min

Laver les pommes de terre et les sécher. Les disposer sur une plaque préalablement recouverte de papier d'aluminium. Faire cuire pendant 10 minutes au four à 220 °C (th. 7-8).

Couper le lard en petits dés. Hacher les poireaux. Laver les girolles, les sécher et les couper en petits morceaux.

Faire chauffer une poêle. Y mettre le lard, ajouter les poireaux et les girolles. Faire revenir 5 minutes sur feu vif en remuant.

Couper les deux chapeaux de chaque pomme de terre : celui du dessous très fin, celui du dessus plus épais.

Vider les trois quarts de la chair de chaque pomme de terre sans trouer le fond. Mélanger la chair avec le lait. Saler et poivrer. Ajouter le lard, les poireaux et les girolles.

Farcir chaque pomme de terre du mélange. Remettre le chapeau du dessus. Réchauffer à four doux, 120 °C (th. 4), quelques minutes.

Acras de morue

150 g de morue séchée / 1 piment / 4 branches de persil / 4 gousses d'ail / 2 échalotes / 1 branche de thym / 250 g de farine / 1 sachet de levure chimique / 2 blancs d'œufs / Le jus de 1 citron / Sel, poivre.

Prép. : 30 min – Dessalage : 12 h — 6 pers.
Réfrigération : 20 min – Cuiss. : 25 min

Faire dessaler la morue une nuit dans de l'eau froide.

La pocher pendant 20 minutes dans de l'eau bouillante. Enlever la peau et les arêtes. Écraser la morue en la pilant dans un mortier.

Hacher le piment, le persil, l'ail et les échalotes. Ajouter ces ingrédients et le thym effeuillé à la morue. Piler pendant 10 minutes.

Mélanger le tout avec la farine, la levure et 1 verre d'eau salée. Réfrigérer pendant 5 minutes.

Monter les blancs d'œufs en neige et les intégrer à la préparation avec le jus de citron.

Poivrer et réfrigérer pendant 15 minutes.

Faire chauffer de l'huile et faire frire le mélange en l'intégrant par petites cuillerées. Faire dorer les acras de tous les côtés.

Réserver les acras sur du papier absorbant. Servir aussitôt.

Pied de porc à l'ananas

1 pied de porc cuit et désossé / 2 tranches d'ananas / 4 cuil. à soupe de sucre en poudre / 2 cuil. à soupe de vinaigre de cidre / 1 cuil. à café de coriandre en poudre / 300 g de farine / 1 œuf / Sel, poivre.

4 pers. Prép. : 30 min – Repos : 30 min
Cuiss. : 5 min

Attendrir le pied de porc en le faisant chauffer doucement dans une casserole.

L'étaler dans un plat, placer dessus une planchette en bois surmontée d'un poids et le placer au réfrigérateur pendant 30 minutes.

Découper de fins carrés d'ananas de 2 cm de côté. Faire de même avec le pied de porc.

Réaliser des « millefeuilles » en alternant morceaux de pied de porc et morceaux d'ananas (deux de chaque).

Verser le sucre dans une casserole. Chauffer pour caraméliser. Hors du feu, ajouter le vinaigre préalablement chauffé avec la coriandre. Laisser reposer.

Mélanger la farine, l'œuf et 10 cl d'eau froide.

Enrober les « millefeuilles » de pâte et les faire frire.

Réserver les beignets sur du papier absorbant. Servir aussitôt avec le caramel réchauffé.

Beignets aux légumes

250 g de farine / 2 œufs / 750 g de bouquets de brocoli et de chou-fleur, de carottes et de champignons / Huile d'olive / Persil / 1 pincée de sel.

Prép. : 25 min – Repos : 30 min
Cuiss. : 3 min

4 pers.

Mélanger dans une terrine la farine et le sel. Incorporer 25 cl d'eau tiède et les œufs.

Laver et faire cuire dans une casserole d'eau bouillante les bouquets de brocoli et de chou-fleur. Les retirer du feu lorsqu'ils sont encore croquants et les égoutter.

Poser les bouquets dans une terrine contenant un croûton de pain enveloppé dans une mousseline. Couvrir et laisser reposer pendant 30 minutes.

Éplucher les carottes. Les couper en rondelles assez épaisses. Faire cuire les rondelles dans une casserole d'eau bouillante. Les retirer du feu lorsqu'elles sont encore croquantes et les égoutter.

Faire revenir avec de l'huile d'olive les champignons émincés avec le persil haché pendant 2 minutes dans une poêle.

Tremper chaque bouquet de brocoli et de chou-fleur dans la pâte. Faire de même avec chaque rondelle de carotte accompagnée de champignons.

Faire frire les beignets dans de l'huile jusqu'à ce qu'ils soient bien dorés. Les poser sur du papier absorbant. Servir aussitôt.

Beignets au cheddar

125 g de farine / 1 cuil. à soupe d'huile de tournesol / 3 œufs / 1 cuil. à soupe de persil haché / 8 cubes de cheddar de 1,5 cm de côté / 25 g de beurre / 2 pincées de sel.

4 pers. Prép. : 10 min – Cuiss. : 5 min

Mélanger dans une terrine la farine, le sel, 20 cl d'eau et l'huile.

Battre les œufs. Les verser dans la terrine et mélanger avec le persil. Rouler les cubes de cheddar dans la pâte.

Faire fondre le beurre dans une poêle. Y faire frire les beignets.

Beignets de courgettes au cumin

100 g de farine / 4 pincées de cumin / 4 courgettes / 30 cl d'huile d'olive / Sel.

6 pers. Prép. : 10 min – Cuiss. : 15 min

Avec une fourchette, mélanger 12 cl d'eau glacée avec la farine. Ajouter le cumin. Laver et sécher les courgettes. Couper des rondelles de 5 mm d'épaisseur.

Dans une poêle, faire chauffer l'huile. Y faire frire les rondelles de courgettes préalablement enrobées de pâte au cumin. Lorsque les beignets sont dorés des deux côtés, les poser sur du papier absorbant. Saler.

Servir aussitôt.

Boulettes de crevettes aux tomates séchées

15 g d'huile / 1 cuil. à soupe de flocons de tomates séchées / 1 gousse d'ail hachée / 125 g de crevettes décortiquées / 1 cuil. à café de persil haché / 125 g de mie de pain trempée dans du lait / 2 œufs / 30 g de chapelure / Sel, poivre.

Prép. : 15 min – Repos : 1 h — 4 pers.
Cuiss. : 5 min

Dans une poêle, incorporer à feu vif l'huile et les flocons de tomates séchées avec l'ail. Ajouter les crevettes. Faire revenir pendant 3 minutes.

Mixer l'ensemble avec le persil, la mie de pain essorée et un œuf préalablement battu. Saler et poivrer.

Verser le mélange dans la poêle et chauffer à feu moyen. Retirer du feu après épaississement et laisser refroidir.

Mettre la chapelure dans une assiette. Battre le second œuf dans un bol.

Former des boulettes. Les rouler dans la chapelure, puis dans l'œuf et dans la chapelure. Laisser reposer pendant 1 heure.

Faire frire les boulettes jusqu'à ce qu'elles soient dorées. Les poser sur du papier absorbant. Servir aussitôt.

Boulettes de poulet au curry

125 g de blanc de poulet / 10 cl d'huile de tournesol / 125 g de gruyère / 2 cuil. à soupe de mayonnaise (p. 8) / 1 cuil. à café de curry / 2 cuil. à café de chutney / 50 g de poudre d'amande / 2 pincées de sel.

4 pers. Prép. : 15 min – Cuiss. : 10 min

Faire cuire le blanc de poulet à la poêle avec l'huile. Hacher le poulet cuit.

Râper le gruyère. Le mélanger au poulet haché avec la mayonnaise, le curry et le chutney. Saler.

Former des boulettes. Les rouler dans la poudre d'amande.

Servir bien frais.

Boulettes de ricotta aux pistaches

40 g de jambon italien / 15 g de parmesan / 40 g de pistaches / 125 g de ricotta / 50 g de mascarpone / Sel, poivre.

4 pers. Prép. : 15 min

Couper le jambon en petits morceaux.

Râper le parmesan et hacher les pistaches.

Mélanger la ricotta et le mascarpone. Ajouter le jambon, le parmesan, saler et poivrer.

Former des boulettes et les rouler dans les pistaches.

Brochettes de cornichons et d'oignons au saucisson

2 minisaucissons secs / 12 cornichons / 24 petits oignons.

Prép. : 15 min 6 pers.

Couper les saucissons et les cornichons en rondelles.

Sur des bâtonnets, alterner rondelles de saucissons et de cornichons. Piquer un petit oignon à chaque extrémité.

Servir avec des tartines de beurre.

Brochettes de poivrons et courgettes

1 petite courgette / 1 poivron rouge / 1 poivron jaune.

Prép. : 15 min 4 pers.

Laver la courgette et les poivrons. Les sécher.

Couper les poivrons en deux. Enlever les membranes et les graines.

Couper les poivrons en carrés et les courgettes en cubes de même taille.

Sur des bâtonnets, alterner courgette et morceaux de poivrons.

Servir avec une vinaigrette à l'huile d'olive.

Brochettes de chou-fleur, de carottes et de céleri

200 g de carottes / 200 g de céleri en branches / 12 mini-bouquets de chou-fleur.

Prép. : 15 min 6 pers.

Laver les légumes et les sécher.

Couper les carottes en rondelles et les branches de céleri en carrés de même taille que les rondelles.

Sur des bâtonnets, alterner rondelles de carottes et carrés de céleri autour d'un minibouquet de chou-fleur.

Servir avec une sauce au fromage blanc (p. 8) ou une mayonnaise (p. 8).

Brochettes de concombres et tomates à la feta

2 miniconcombres / 1 barquette de tomates cerise / 24 cubes de feta.

6 pers. Prép. : 15 min

Peler les concombres. Les couper en petits cubes. Laver les tomates et les sécher.

Sur des bâtonnets, piquer un morceau de concombre, une tomate cerise puis un cube de feta.

Servir avec une sauce au fromage blanc (p. 8) ou aux herbes (p. 9).

Bâtonnets de moules au paprika

32 grosses moules / 1 oignon / 4 cuil. à soupe de persil haché / 1/2 verre de vin blanc / 1 cuil. à soupe de moutarde / 2 cuil. à soupe d'huile de tournesol / 1 cuil. à café de paprika / Poivre.

Prép. : 20 min – Cuiss. : 10 min 4 pers.

Nettoyer les moules. Hacher l'oignon, le persil et les mélanger dans une casserole avec le vin blanc.

Ajouter les moules. Couvrir et faire cuire 5 minutes jusqu'à ce que les moules s'ouvrent. Les décoquiller.

Faire réduire le jus. Ajouter la moutarde, l'huile et le paprika. Verser la sauce dans un bol.

Piquer 4 moules par bâtonnet. Poivrer légèrement. Servir avec la sauce.

Brochettes de noix de Saint-Jacques

5 gousses d'ail / 6 cuil. à café de persil / 6 biscottes / Huile d'olive / 24 noix de Saint-Jacques / Sel, poivre.

6 pers. Prép. : 20 min – Cuiss. : 5 min

Hacher les gousses d'ail et le persil. Mélanger avec les biscottes écrasées. Ajouter de l'huile d'olive jusqu'à ce que le mélange devienne une pâte collante.

Rouler les noix de Saint-Jacques dans la pâte. Saler et poivrer.

Monter 12 brochettes de 2 noix de Saint-Jacques chacune.

Faire cuire à four chaud, à 230 °C (th. 7-8), pendant 5 minutes. Servir aussitôt.

Brochettes de gambas et rigatonis aux asperges

400 g d'asperges vertes / 300 g de rigatonis / 1/2 botte de coriandre fraîche / 2 gousses d'ail / 4 cuil. à soupe d'huile d'olive / 400 g de gambas / 3 cuil. à soupe de sauce de soja / Sel, poivre.

Prép. : 30 min – Cuiss. : 25 min 6 pers.

Faire bouillir de l'eau salée dans une casserole. Éplucher les asperges. Détacher les pointes et les faire cuire dans l'eau 5 minutes afin qu'elles restent croquantes. Les tremper dans de l'eau froide et les sécher.

Faire cuire les rigatonis *al dente* puis les passer sous de l'eau froide.

Laver, hacher la coriandre avec l'ail et 1 cuillerée à soupe d'huile d'olive.

Décortiquer les gambas.

Faire chauffer 3 cuillerées à soupe d'huile d'olive dans une poêle. Incorporer les gambas, les saisir et ajouter les pointes d'asperges avec le mélange haché. Faire cuire et remuer 5 minutes à feu vif.

Ajouter la sauce de soja et les rigatonis. Faire cuire 5 minutes en remuant. Saler et poivrer.

Couper les gambas en morceaux de la même taille que les pointes d'asperges et les rigatonis.

Monter les brochettes en alternant morceaux de gambas, rigatonis et pointes d'asperges.

Servir aussitôt.

Brochettes de crevettes, céleri, pommes et pâtes

36 pâtes papillon / 2 citrons verts / 2 petits oignons blancs / 6 feuilles de coriandre / 3 cuil. à soupe de mayonnaise (p. 8) / 1 cuil. à soupe de curry / 10 cl de crème fraîche liquide / 2 pommes vertes / 18 cubes de céleri-rave / 18 crevettes / Sel, poivre.

Prép. : 20 min – Cuiss. : 10 min 6 pers.

Faire cuire les pâtes comme indiqué sur l'emballage. Les rincer sous de l'eau froide.

Presser les citrons.

Hacher les oignons et les feuilles de coriandre. Dans un grand bol, les mélanger à la mayonnaise avec le jus de citron, le curry et la crème. Saler et poivrer.

Couper les pommes en morceaux.

Monter 18 brochettes comme indiqué : une pâte, un morceau de pomme, une crevette, un morceau de céleri, une pâte.

Servir avec la sauce.

Bâtonnets de concombre au saumon fumé

1 gros concombre / 1 citron / 4 branches d'aneth / 20 g de beurre ramolli / 4 tranches de saumon fumé.

4 pers. Prép. : 20 min

Peler le concombre. Le découper en longs bâtonnets de 2 à 3 cm d'épaisseur.

Presser le jus du citron. Y faire mariner le concombre.

Couper finement l'aneth. Beurrer les tranches de saumon fumé. Saupoudrer d'aneth.

Couper les tranches de saumon fumé en rectangles de la même largeur que celle des bâtonnets de concombre.

Retirer le concombre du jus de citron. Les poser sur du papier absorbant.

Enrober un bâtonnet de concombre dans chaque tranche de saumon coupée. Couper en cubes réguliers. Planter un bâtonnet dans chacun.

Brochettes de cabillaud au lait de coco et curry

16,5 cl de lait de coco / 2 cuil. à café de curry / 400 g de cabillaud / Coriandre en poudre / Sel, poivre.

Prép. : 10 min – Marinade : 30 min
Cuiss. : 10 min

4 pers.

Mélanger le lait de coco avec le curry, du sel et du poivre.

Couper le cabillaud en morceaux puis monter les brochettes. Les rouler dans le mélange coco-curry et couvrir.

Les placer au réfrigérateur pendant 30 minutes. Tourner de temps en temps les brochettes.

Poser les brochettes sur un plat et saupoudrer de coriandre. Enfourner à four chaud, à 220 °C (th. 7-8) et cuire pendant 10 minutes.

Servir aussitôt.

Brochettes de thon à l'oignon et au poivron

500 g de thon / 20 cl d'huile d'olive / 15 cl de jus de citron / 1 oignon / 1 poivron rouge / 8 gousses d'ail / Sel, poivre.

4 pers. Prép. : 20 min – Marinade : 1 h
Cuiss. : 5 min

Couper le thon en cubes et le faire mariner pendant 1 heure dans l'huile d'olive et le jus de citron.

Couper en quartiers l'oignon et le poivron.

Monter les brochettes en alternant morceaux de thon, poivron, oignon et gousses d'ail. Saler et poivrer.

Faire griller les brochettes au four à 230 °C (th. 7-8) pendant 5 minutes. Servir aussitôt.

Bâtonnets de sushis de thon et de saumon

100 g de riz thaï / 300 g de filet de thon / 300 g de filet de saumon / 20 g de gingembre frais râpé / 1 concombre / 24 feuilles de riz.

Prép. : 30 min – Repos : 15 min
Cuiss. : 15 min 6 pers.

Faire cuire le riz à l'eau bouillante salée. Le rincer avec de l'eau froide.

Congeler les filets de poissons pendant 15 minutes.

Hacher le gingembre.

Couper en fines rondelles le concombre préalablement lavé.

Mélanger le gingembre avec le riz.

Passer les feuilles de riz sous l'eau.

Trancher les poissons en fines lamelles de 5 mm d'épaisseur.

Sur une feuille de riz, poser des rondelles de concombre, une tranche de poisson, une cuillère de riz. Enrouler la feuille.

Faire de même avec les 24 feuilles. Planter de bâtonnets. Servir immédiatement.

Bâtonnets de saucisses au lard et au gruyère

150 g de gruyère / 8 tranches de lard / 16 minisaucisses.

Prép. : 10 min – Cuiss. : 10 min 4 pers.

Couper le gruyère en 16 morceaux.

Couper chaque tranche de lard en deux.

Inciser les saucisses dans le sens de la longueur. Insérer un morceau de gruyère dans chaque saucisse.

Entourer chaque saucisse de lard. Planter un bâtonnet dans chaque saucisse.

Mettre les saucisses sur une plaque.

Enfourner la plaque à four chaud, à 220 °C (th. 7-8) et cuire pendant 10 minutes jusqu'à ce que le lard soit bien cuit.

Brochettes de boudins aux bananes

2 bananes / 20 miniboudins créoles / 2 cl d'huile / 8 cuil. à café de noix de coco en poudre / Sel, poivre.

4 pers. Prép. : 10 min – Cuiss. : 10 min

Peler les bananes et les couper en 8 rondelles chacune.

Sur un bâtonnet, embrocher un boudin entouré de deux rondelles de bananes.

Renouveler l'opération huit fois. Saler et poivrer.

Faire griller au four à 230 °C (th. 7-8) pendant 10 minutes sur une plaque préalablement huilée.

Sortir du four et saupoudrer de noix de coco. Servir.

Brochettes de poulet tandoori, basilic et menthe

6 blancs de poulet / 2 yaourts au goût bulgare / 2 cuil. à café d'épices tandoori / 5 cuil. à soupe d'huile d'olive / 10 feuilles de basilic / 22 feuilles de menthe / 1 oignon / Sel, poivre.

Prép. : 20 min – Marinade : 2 h
Cuiss. : 5 min

6 pers.

Couper les blancs de poulet en morceaux.

Dans une terrine, verser les yaourts et les épices tandoori. Incorporer la moitié des morceaux de poulet. Faire mariner pendant 2 heures.

Dans une autre terrine, mélanger l'huile d'olive avec les feuilles de basilic et 10 feuilles de menthe. Y faire mariner pendant 1 heure le reste des morceaux de poulet.

Monter 6 brochettes de poulet au basilic et à la menthe et 6 brochettes de poulet tandoori. Les saler et les poivrer.

Faire frire dans une poêle avec un peu d'huile les brochettes de poulet tandoori avec l'oignon émincé. Retirer du feu.

Faire frire dans une autre poêle celles parfumées au basilic et à la menthe. Retirer du feu. Entourer le poulet de 2 feuilles de menthe.

Servir aussitôt.

Brochettes de porc et carottes à l'orange

15 g de gingembre frais / 4 brins de ciboules / 2 oranges / 5 cuil. à soupe de sauce de soja / 30 g de mélasse / 1 cuil. à soupe d'huile de tournesol / 4 côtes de porc / 400 g de carottes / 25 g de beurre salé / 1 pincée de cumin / 1 cuil. à café de sucre en poudre / Sel, poivre du moulin.

4 pers. Prép. : 15 min – Marinade : 1 h
Cuiss. : 20 min

Peler et couper le gingembre finement. Laver et hacher la ciboule. Presser 1 orange. Mélanger le tout avec la sauce de soja, la mélasse, l'huile, le sel et le poivre.

Couper les côtes de porc en lanières. Dans un plat creux, disposer les morceaux de porc, verser la marinade et couvrir. Réserver au frais pendant 1 heure. Tourner les morceaux de porc de temps en temps.

Éplucher, laver et sécher les carottes. Les couper en rondelles épaisses de 2 à 3 cm. Faire revenir les carottes dans le beurre. Presser la seconde orange et verser sur les carottes. Ajouter de l'eau pour couvrir les carottes. Saupoudrer de cumin, de sucre, de sel et de poivre. Laisser mijoter jusqu'à absorption du liquide.

Égoutter les morceaux de porc. Monter les brochettes en alternant morceaux de porc et rondelles de carottes. Les cuire au barbecue en les badigeonnant régulièrement de la marinade.

Faire réduire la marinade restante et la verser dans un bol.

Servir aussitôt.

Brochettes de dinde aux asperges

300 g de blanc de dinde / 1 cuil. à soupe de farine / 1 œuf / 3 cuil. à soupe de chapelure / 1 botte d'asperges vertes / 50 g de beurre / Sel, poivre.

Prép. : 25 min – Cuiss. : 20 min 4 pers.

Cuire à feu moyen le blanc de dinde avec l'huile dans une poêle. Assaisonner. Le découper en morceaux de la taille des pointes d'asperges. Les passer dans la farine, dans l'œuf battu puis dans la chapelure. Les mettre au frais.

Éplucher et laver les asperges. Garder les pointes.

Faire bouillir de l'eau salée dans une casserole. Y plonger les pointes d'asperges 5 minutes. Les égoutter.

Monter les brochettes en alternant morceaux de dinde panés et pointes d'asperges.

Faire fondre le beurre dans une poêle et saisir les brochettes salées et poivrées. Les faire dorer.

Servir aussitôt.

Accompagner d'une sauce avocat et orange (p. 9).

Bâtonnets de bacon aux dattes

4 tranches de pain de mie (p. 10) / 4 dattes / 4 fines tranches de bacon / Miel liquide.

4 pers. Prép. : 20 min – Cuiss. : 10 min

Ôter les croûtes des tranches de pain de mie. Passer les tranches sans croûte sous un rouleau à pâtisserie.

Dénoyauter les dattes, les couper en deux. Les passer sous un rouleau à pâtisserie.

Poser une tranche de pain de mie aplatie sur une tranche de bacon. Renouveler l'opération sur les 3 autres tranches de bacon.

Badigeonner légèrement de miel les tranches de pain de mie. Poser sur chaque tranche 2 morceaux de dattes l'un contre l'autre.

Enrouler. Couper chaque rouleau en quatre. Planter un bâtonnet dans chacun des 16 rouleaux.

Mettre du papier sulfurisé sur une plaque. Placer les rouleaux dessus. Enfourner la plaque à four chaud, à 220 °C (th. 7-8), et cuire pendant 10 minutes jusqu'à ce que le bacon soit bien cuit.

Bâtonnets de boudins à la compote de pommes

2 grosses pommes / 20 miniboudins créoles / 2 cl d'huile / Sel, poivre.

Prép. : 10 min – Cuiss. : 20 min 4 pers.

Peler les pommes et les couper en morceaux. Les faire cuire dans une casserole avec 1/2 verre d'eau jusqu'à obtenir une compote. Les mixer. Saler et poivrer.

Faire griller les boudins au four à 240 °C (th. 8) pendant 10 minutes sur une plaque préalablement huilée.

Verser la compote dans un bol. Planter un bâtonnet dans chaque boudin. Servir.

Brochettes de pommes et d'endives

2 endives / 2 pommes vertes / Curry.

6 pers. Prép. : 15 min

Laver et sécher les endives et les pommes.

Couper les feuilles d'endives en carrés de 2-3 cm de côté.

Couper les pommes en cubes de même taille.

Sur des bâtonnets, alterner cubes de pommes avec carrés d'endives. Saupoudrer de curry.

Servir avec une vinaigrette aromatisée au vinaigre de framboise.

Brochettes de melon au jambon de Parme

200 g de jambon de Parme / 24 feuilles de menthe / 1 melon.

Prép. : 15 min 4 pers.

Trancher finement le jambon puis couper les tranches pour en obtenir 12.

Laver les feuilles de menthe et les sécher.

Couper le melon en quatre. Épépiner et retirer la peau. Couper le melon en tranches puis en 24 cubes.

Sur un bâtonnet, disposer une feuille de menthe, un cube de melon, une tranche de jambon pliée, un cube de melon et une feuille de menthe.

Renouveler l'opération onze fois. Mettre au frais.

Servir avec du porto.

Brochettes de raisins

1 grappe de raisins noirs / 1 grappe de raisins blancs / Raisins secs noirs et blancs.

Prép. : 15 min 6 pers.

Laver les grappes de raisins et les sécher.

Sur des bâtonnets, alterner raisins noirs et blancs avec raisins frais et secs.

Brochettes de pêches et d'abricots à la menthe

2 pêches / 4 abricots / 8 feuilles de menthe.

4 pers. Prép. : 15 min

Peler les pêches et laver les abricots. Ôter les noyaux. Couper les pêches en 8 et les abricots en 4.

Laver les feuilles de menthe et les sécher.

Sur un bâtonnet, disposer une feuille de menthe, alterner morceaux de pêches et d'abricots et ajouter une feuille de menthe.

Renouveler l'opération trois fois. Mettre au frais.

Minigalettes aux amandes

125 g de beurre / 125 g de sucre en poudre / 125 g de poudre d'amande / 2 œufs et 1 jaune / 1 cuil. à soupe de rhum / 500 g de pâte feuilletée (p. 13).

Prép. : 20 min – Cuiss. : 40 min 4 pers.

Ramollir le beurre. Le mélanger au sucre et à la poudre d'amande. Ajouter les 2 œufs et le rhum.

Couper la pâte feuilletée en 16 parts égales de même forme. Les poser sur une plaque recouverte de papier sulfurisé.

Verser la frangipane au centre de 8 parts de pâte.

Couvrir des 8 parts de pâte restantes. Bien souder les bords.

Battre le jaune d'œuf. Dorer les minigalettes.

Piquer les pâtes avec une fourchette.

Enfourner la plaque à 220 °C (th. 7-8) et cuire pendant 40 minutes jusqu'à ce que les minigalettes soient dorées.

Minipizzas aux abricots et pistaches

12 abricots / 50 g de beurre / 35 g d'amandes / 35 g de pistaches non salées / 250 g de pâte à pizza (p. 12) / 6 cuil. à café de sucre de canne roux.

6 pers. Prép. : 15 min – Cuiss. : 15 min

Laver et sécher les abricots. Beurrer la peau. Dénoyauter et couper chaque abricot en quatre.

Hacher les amandes et les pistaches séparément.

Étaler la pâte à pizza. Former 12 cercles de 5-6 cm de diamètre. Saupoudrer de poudre d'amande.

Poser 4 morceaux d'abricot sur chaque cercle. Saupoudrer de pistaches puis de sucre.

Disposer les minipizzas sur une plaque.

Enfourner à 180 °C (th. 6) et cuire pendant 15 minutes.

Tartelettes kiwis-framboises

250 g de pâte brisée (p. 15) / 1 citron / 3 œufs / 50 g de sucre en poudre / 2 sachets de sucre vanillé / 75 g de poudre d'amande / 200 g de crème fraîche liquide / 2 kiwis / 500 g de framboises / 8 cuil. à café de gelée de coing.

Prép. : 20 min – Cuiss. : 30 min 4 pers.

Garnir de pâte brisée 8 petits moules d'environ 5 cm de diamètre. Disposer du papier sulfurisé sur les tartelettes. Les remplir de grains de riz.

Mettre les moules sur une plaque. Enfourner à 220 °C (th. 7-8) et cuire pendant 15 minutes.

Retirer les papiers sulfurisés et leur contenu.

Presser le citron. Mélanger son jus avec les œufs, les sucres, la poudre d'amande et la crème. Remplir les moules du mélange. Cuire pendant 15 minutes.

Couper les kiwis en rondelles. En recouvrir les fonds de tartelettes. Poser les framboises sur les kiwis.

Faire chauffer la gelée à feu doux. La verser sur les tartelettes. Laisser refroidir.

Tartelettes au chocolat et aux noisettes

250 g de pâte brisée (p. 15) / 200 g de chocolat / 25 cl de crème fraîche / 1 œuf / 8 noisettes.

4 pers. Prép. : 15 min – Cuiss. : 20 min

Disposer la pâte brisée dans 8 petits moules d'environ 5 cm de diamètre.

Faire fondre au bain-marie le chocolat coupé en morceaux.

Faire bouillir la crème fraîche. L'incorporer au chocolat avec l'œuf.

Verser le mélange sur les moules. Mettre les moules sur une plaque. Enfourner à 180 °C (th. 6) et cuire pendant 20 minutes.

Sortir les tartelettes du four. Ajouter sur chacune d'elles une noisette. Laisser refroidir.

TABLE DES RECETTES

Dépôt légal 2e trim. 2002 n° 2 657

Imprimé en U.E.